Nikolaus Sommer

Gute Besserung wünsche ich Dir

SKV-EDITION

Manchmal trifft man Menschen, die mit Stolz von sich sagen können: „Ich bin nie in meinem Leben krank gewesen. Nie habe ich wegen Krankheit gefehlt!" Sie benehmen sich, als sei es ihr persönliches Verdienst, nie krank gewesen zu sein. Dass ihnen wertvolle Lebenserfahrung fehlen könnte, auf diesen Gedanken kommen sie nicht. Die Krankheit erinnert uns an unsere Endlichkeit und hilft uns dadurch zu überprüfen, was uns im Leben wichtig ist.

Darum soll die Zeit des Krankseins Dir gleich mehrfach von Nutzen sein. Vor allem sollst Du bald gesund werden. Und wenn das Schlimmste überstanden ist, öffnet Dir das Kranksein vielleicht Zugänge zu Deinem Leben, die Du sonst nicht entdeckt hättest.

Erbitte dir zuerst Gesundheit,
dann Wohlergehen, drittens ein frohes Herz
und zuletzt, niemandes Schuldner zu sein.

Philemon

Der Tunnel ist lang und nicht gut beleuchtet. Es ist anstrengend und belastend, ihn zu durchqueren. Du meinst den Berg über Dir zu spüren. Dann endlich eine diffuse Helligkeit, Deine Hoffnung und freudige Erwartung wird stärker. Und erleichtert begrüßt Du die Sonne.
Wenn das Fieber schließlich sinkt und der Schmerz nachlässt, dann fühlst Du Dich wie befreit. Du weißt, das Schlimmste liegt hinter Dir. Jetzt kann es nur besser werden. Es ist ein neuer Anfang, wie jeder neue Tag.

Ist es denn nicht ein Wunder, dass Du jeden Morgen wieder erwachst? Dass Dir das Licht der Sonne erneut geschenkt wird? Ein neuer Tag mit vielen neuen Möglichkeiten, das Beste daraus zu machen.

Jeden Morgen soll die Schale unseres Lebens
hingehalten werden, um aufzunehmen,
zu tragen und zurückzugeben.

Dag Hammarskjöld

Wenn Stress und Belastungen uns quälen, wünschen wir uns dann nicht manchmal eine Auszeit? Alles stehen und liegen lassen zu können, einfach herauszugehen aus dem Spiel, um endlich wieder zur Ruhe zu kommen, sich auf sich selbst und sein Leben besinnen zu können und seinen Standort zu überprüfen. Aber man tut es ja doch nie. Nicht selten übernimmt dann unser Körper die Entscheidung, die unser Verstand verweigert: Er streikt.

Hoffentlich hat Dein Organismus seine Verweigerung dank Ruhe und Medizin bald überwunden. Aber auch Deine Seele soll wieder heil und fröhlich werden. Jetzt ist die Gelegenheit, sie nach ihren Sorgen und Zweifeln zu befragen. Jetzt ist auch die Zeit, Antworten zu finden.

Aus der Geduld geht der unschätzbare Frieden
hervor, welcher das Glück der Welt ist.

Baltasar Gracián y Morales

Wenn Du unglücklich bist, wird Dir das bald bewusst. Aber wenn Du nicht unglücklich bist, bist Du dann glücklich? Oder plätschert Dein Leben dann ziemlich eintönig dahin? Ebenso wenig denkst Du darüber nach, wie glücklich Du sein müsstest, weil Du gesund bist. Jetzt bist du krank und siehst Dich herausgenommen aus deinem Alltag. Du hast eine Grenze überschritten und das Gleichmaß des Alltäglichen verlassen. Du bist in einem Ausnahmezustand. Das Besondere ereignet sich jetzt. Und darum kannst Du jetzt ganz neue Erfahrungen gewinnen, die Dein Leben reicher machen.

Gute Gedanken wünsche ich Dir. Denn Du sollst heil werden an Leib und Seele.

Alle Gedanken sind vorwärts gerichtet
wie Flaggen und Wimpel; nur ein Trauriger
steht rückwärts gewendet am Mast.

Johann Wolfgang von Goethe

Menschen sind keine Roboter. Sie sind keine perfekten Maschinen. Menschen sind nie vollkommen gesund und nie vollkommen krank. Weil alles, was lebt, Veränderungen unterworfen ist, gibt es Zeiten, in denen man vorwiegend gesund ist, und leider auch Tage, in denen man vor allem krank ist. So eine Zeit ist jetzt gekommen. Vielleicht fällt es Dir schwer, sie anzunehmen und die Probleme, die sie Dir bringt, zu akzeptieren.

Du hast nur dieses Leben und Du musst nehmen, was es Dir gibt. Klagen verbessert Dein Schicksal nicht. Nimm, was Du nicht verhindern kannst, und entdecke die neuen Chancen, die durch die veränderte Situation entstehen. Vielleicht bringt Dir diese Zeit die Gelegenheit, Dich der lange aufgeschobenen Entscheidung zu stellen.

Ein fester Entschluss
verwandelt das größte Übel
in einen erträglichen Zustand.

Stendhal

Was Du im normalen Alltag nicht für möglich gehalten hast, ist schlagartig geschehen: Dein Kranksein hat Dich ausgeklinkt. Du bist ausgeschert aus der täglichen Raserei auf der Leistungsautobahn. Jetzt gibt es kein Schneller-Sein für Dich und kein Überholen mehr. Wenn Du meinst, Dir Kranksein nicht leisten zu können, wird Dein Körper Dich belehren. Er verlangt von Dir, dass Du zur Ruhe kommst und dass Du die Forderungen Deines Körpers nicht missachtest. Denn Du bist ja auf ihn angewiesen. Behandle ihn also nicht wie einen Dir fremden Sklaven.

Verbinde aufs Neue Deinen Geist mit Deinem Körper, denn sie sind sich fremd geworden. Wenn Du Dich mit Leib und Seele mitten im Leben weißt, bist Du auf dem besten Wege.

Oft ist's der eigne Geist,
der Rettung schafft,
die wir beim Himmel suchen.

William Shakespeare

Kranksein ist eine Zeit des Überganges. Herausgerissen aus Deinem Alltag, findest Du Dich plötzlich im Krankenbett wieder. Auf einmal ist nichts mehr so, wie es gestern noch war. Das beunruhigt Dich. Dann fällt Dir Deine Arbeit ein und dass die anderen jetzt ohne Dich auskommen müssen. Auch wenn Du es nie wahrhaben wolltest, auch ohne Dich wird man zurechtkommen. Dann fällt Dir Deine eigene Person ein, Dein Leben, Deine Wichtigkeit und Unwichtigkeit, Deine alten Fragen und Deine neuen Wünsche.

Kranksein schenkt Dir die Zeit der Selbstbesinnung. Du kannst Entschlüsse fassen, die Dein Leben verändern. Nach der Krankheit bist Du ganz sicher etwas erfahrener, etwas reifer, etwas weiser, als Du es vorher warst.

Entschlossenheit im Unglück
ist immer der halbe Weg zur Rettung.

Johann Heinrich Pestalozzi

„Ich wünsche Dir nicht baldige Gesundheit", sagte der Weise zum Kranken, „weil ich Dir nicht viele Sorgen wünschen möchte. Denn der Gesunde hat viele Sorgen. Der Kranke hat nur die eine Sorge: bald gesund zu werden."
Diese kleine Geschichte verweist auf die Widersprüchlichkeit des Menschen: Ist er gesund, klagt er über viele Sorgen. Hat er nur eine Sorge, klagt er, weil er nicht gesund ist.

Darum wünsche ich Dir, dass Du keinen Grund zur Klage hast. Bedenke Dein Dasein in der Zeit des Krankseins und handle nach Deinen Erkenntnissen, damit Du Dein Leben genießen kannst, wenn Du wieder gesund bist.

Alle Trübseligkeit und Krankheit ist vom Teufel, nicht von Gott. Gott erlaubt aber dem Teufel, uns zu schaden, wenn er verachtet wird.

Martin Luther

Es ist nicht die Bestimmung der Schiffe, im Hafen zu liegen, damit ihnen nichts passiert. Die müssen hinaus auf die See. So kann ein Schiff auch in einen schweren Sturm geraten. Manchmal wird es zur Umkehr gezwungen oder muss einen anderen Weg suchen. Eine schwere Krankheit kann solch ein Wendepunkt im Leben sein. Vielleicht haderst Du mit Deinem Schicksal, bist wütend und enttäuscht darüber, in Deinem Lebenslauf gebremst worden zu sein. Was sollte es auch nutzen, das Leben zu beschuldigen, Dir ein Bein gestellt zu haben. Akzeptiere lieber, dass es auch in Deinem Leben nicht immer geradeaus gehen kann.

Wenn es schon nötig ist, neue Wege zu gehen, dann genieße auch die Freuden, zu denen nur sie Dich führen.

Wenn der Weg unendlich scheint und plötzlich
nichts mehr gehen will, wie du es wünschst,
gerade dann darfst du nicht zaudern.

Dag Hammarskjöld

Dein Krankenzimmer ist eine Oase der Stille. Der Lärm des Alltags hat draußen zu bleiben. Auf so unliebsame Weise zur Ruhe zu kommen, hast Du Dir nicht gewünscht. Jetzt beunruhigt Dich die Ruhe. Denn nun kannst Du Deinen Gedanken und Erinnerungen nicht mehr ausweichen. Unerledigte Aufgaben melden sich. Probleme, die nicht entschieden sind, Fragen, denen Du ausgewichen bist, Wünsche, die Du verdrängt hast, wollen alle Deine Aufmerksamkeit. Erinnere Dich aber auch Deiner schönen Stunden, denke an Deine Zeiten des Glücks, der frohen Begegnungen, der kleinen und großen Erfolge. Spüre Deinen Träumen und Sehnsüchten nach. Jetzt ist die Zeit dazu. So kannst Du herausfinden, was Dir wertvoll und wichtig ist, was bleiben soll und was Du verändern willst.

Würden wir auf nichts anderes sehen
als auf den Weg, so wären wir bald am Ziel.

Teresa von Ávila

Alles, was bisher so wichtig war, was Du unbedingt hast selbst und sofort erledigen müssen – hat Dich dies Dir näher gebracht? Stimmten Deine Alltagsziele mit Deinen Lebenszielen überein? Oder hast Du Dich mit der Zeit immer weiter von Dir entfernt? Manchmal ist es wichtig, gezwungen zu werden, alles loszulassen, um wieder ganz zu sich selbst kommen zu können.

Jetzt hast Du die Chance, ganz bei Dir zu sein. Nichts anderes ist wichtig. Und die leise Stimme Deiner Seele ist wieder hörbar inmitten der Stille.

Die Wahrheit bleibt dem Stolzen verborgen,
dem Demütigen aber wird sie geoffenbart.

Bernhard von Clairvaux

Seit wir Menschen das Analysieren gelernt haben, suchen wir nach Ursache und Wirkung. Wenn uns etwas unbequem ist, finden wir dafür auch sicher einen Schuldigen. Wer nicht bereit ist, sein Kranksein anzunehmen, gerät in Versuchung, seinen Körper anzuklagen, versagt zu haben. Wer so zwischen Ich und Körper trennt, ist nicht bei sich. Wer derart zwiespältig ist, kann nicht gesund werden.

Zwangsläufig hast Du jetzt viel Zeit für Dich. Lerne Dich selbst neu kennen. Ertaste wie ein Blinder Deinen Körper mit Deinem Geist, spüre Dein Inneres, fühle Dein Äußeres, komme wieder zu Dir, werde eins, werde ganz, werde heil. Nur in Harmonie wirst Du gesunden.

Könnte Geistesruhe ein besserer Beweis
tugendhaften Lebens sein? Gesundheit gibt sie.

Marquis de Vauvenargues

Du bekommst Medikamente, die Deinen Schmerz lindern und Dir helfen. Aber Du kannst Dir auch selber helfen, bald wieder munter durchs Leben zu gehen. Dazu musst Du gesund werden wollen und Dir Zeit lassen, gesund zu werden. Schöne Gedanken wirken wie Vitamine. Es steht Dir in dieser Zeit durchaus zu, Dich an der Fürsorge anderer zu erfreuen, die Pflege zu genießen und die Unterstützung gerne anzunehmen. Der Arzt kann Dir helfen, nicht länger krank zu sein, doch gesund werden kannst nur Du selber.

Nimm dankbar an, was Dir an fremder Zuwendung zuteil wird. Es sind die kleinen Zeichen und Gesten, die Licht und Farbe in Deine schwere Zeit bringen.

Ich habe so oft erfahren, wie ein Zuruf, der aus dem Heiligtum unserer Seele kam, in tiefer Betrübnis uns beglücken und neues Leben, neue Hoffnung schaffen kann.

Friedrich Hölderlin

Manchmal haderst Du noch mit Deinem Schicksal. Die unnützen Fragen: „Warum muss das ausgerechnet mir passieren? Warum ausgerechnet jetzt? Wie soll ich das bloß überstehen? Was wird wohl nachher sein?" schaffen Dir nur noch mehr Probleme. Doch auf diese Fragen gibt es nur die eine Antwort: Grüble nicht über Vergangenes, sorge Dich nicht um Zukünftiges. Konzentriere Deine Energien lieber auf die Gegenwart. Denn jetzt benötigst Du alle Deine Kräfte, um wieder gesund zu werden.

Gib Dich ganz dem Augenblick hin. Akzeptiere die Situation, die jetzt in Deinem Leben ist. Deine einzige Anstrengung sei Erholung.

Zeige dem Schicksal die Stirn. Entflieh dem Unglück,
und wenn du ihm nicht entfliehen kannst,
trag es wie ein Mann.

Niccolò Machiavelli

Wir Menschen halten uns für die Größten und vergessen, dass wir winzige Lebewesen sind. Wir steuern schnelle Maschinen, konstruieren gewaltige Bauwerke, fliegen über die Kontinente und sind doch den Naturgewalten ebenso untertan, wie wir vor Infekten nicht gänzlich geschützt sind. Es kann geschehen, dass wir sehr schwer erkranken, dass vielleicht sogar das Leben bedroht ist. Dann stehen uns Menschen zur Seite, die geschworen haben, ihr ganzes Können und Wissen zu unserer Rettung einzusetzen, zu kämpfen, damit wir leben können.

Vergiss nicht, dass auch Du kämpfen kannst. Mit Deinen positiven Gedanken, Deiner guten Seele, Deiner Liebe zum Leben, zu Deiner Familie und Deinen Freunden, mit Deiner Freude auf die Sonne und mit Deiner Begeisterung stärkst Du die Kraft, die Dir zum Leben hilft.

Krankheiten, besonders langwierige,
sind Lehrjahre der Lebenskunst
und der Gemütsbildung.

Novalis

Was bis vor kurzem selbstverständlich war und keiner Anstrengung bedurfte, fällt Dir jetzt schwer. Selbst Kleinigkeiten können nun mühevoll sein. Mitunter musst Du Deinen ganzen Willen und Deine ganze Aufmerksamkeit für eine kleine Bewegung aufwenden. Manchmal bist Du nahe daran, zu verzweifeln und mutlos zu werden. Aber Du wirst nicht aufgeben, weil Du das wichtigste Geheimnis der Sieger kennst, und das heißt: länger durchhalten.

Ich wünsche Dir die Kraft durchzuhalten und die Hoffnung auf bessere Tage. Denn wie sollte Dein Leben gelingen, wenn Du nicht hoffst und handelst, als ob es gelänge.

Wir brauchen vielerlei Hoffnungen; schon das Glück
kann ohne diese nicht genossen werden,
geschweige das Unglück ertragen oder geheilt.

Jean Paul

Eine alte Weisheitsgeschichte erzählt von einem Herrscher, der von den Weisen seines Reiches das Wissen der Welt erfahren wollte. Aber der mächtige Regent war viel zu sehr mit Regieren beschäftigt, als dass er Zeit gehabt hätte, sich durch alle Bibliotheken zu lesen. Auch das konzentrierte Wissen in zehn Bänden konnte er wegen wichtiger Geschäfte nicht studieren und auch das eine vielseitige Werk mit dem essentiellen Wissen der Welt würde ihn viel zu lange von wichtigen Geschäften abhalten. Der Herrscher verlangte die wesentliche Erkenntnis in praktischer Form. Lange berieten sich die Weisen. Nach vielen Erörterungen und Disputen überreichten sie dem Herrscher einen goldenen Ring, auf dem fein graviert die Worte zu lesen waren: Auch das geht vorüber.

Wenn der Herrscher gegen dich in Zorn gerät,
bewahre die Ruhe; denn Gelassenheit
bewahrt vor großen Fehlern.

Buch Kohelet 10,4

Allmählich geht es Dir etwas besser, aber noch lange nicht richtig gut. Dann liegst Du da und spürst mit einem Mal aus der Tiefe Deines Wesens Gedanken aufsteigen. Jetzt kannst Du sie zulassen, annehmen und in Ruhe bedenken: wie zufrieden Du trotzdem mit Deinem Leben bist, welche Wünsche Dir wirklich wichtig sind, welche Mühen Du bereit bist, dafür auf Dich zu nehmen, was du verändern wirst, weil Du etwas verbessern willst. Denn jetzt, in der Zeit des Krankseins, hast Du erkannt, wie kostbar und wertvoll Dein Leben ist.

Ich wünsche Dir, dass diese Zeit auch eine Oase für Dich sein kann, in der Du Dich von den Stürmen des Alltags erholst, um Dich dann gestärkt und erfrischt wieder auf Deinen Weg zu begeben.

Ob du eilst oder langsam gehst,
der Weg vor dir bleibt derselbe.

Chinesisches Sprichwort

Nichts im Leben ist nur einseitig. Auch wenn Kranksein eindeutig schlimm, gefährlich, bestenfalls unangenehm ist, liegt dahinter noch eine andere Dimension. Jede Veränderung, jede Krise, erst recht jeder Einschnitt ins Leben, wie eine Krankheit es sein kann, ist eine Einladung an uns, uns zu wandeln. Vielleicht wissen wir nicht genau, was sich ändern wird und was wir ändern wollen. Doch weil wir spüren, dass wir durch die gewonnene Erfahrung uns verändert haben, können wir nun bereit sein für Neues.

Und diese neue Energie soll Dir helfen, Deine Zeit zu gestalten. Deine Zuversicht wird Dich aufmerksam machen auf die vielen Angebote, die das Leben Dir schenkt.

Es muss zu einer Änderung der Lebensweise kommen.
Aber diese Änderung darf nicht durch äußere Umstände,
sie muss durch die Seele bewirkt werden.

Leo N. Tolstoi

Deine Krankheit kann heilsam sein. Sie erinnert Dich daran, dass Dein angenehmes Leben nicht für immer behaglich weitergeht. Sie verweist Dich auf Dein Ende und entlässt Dich wieder ins Leben. Auch wenn der Schmerz nicht eben gering ist, den Du für die Lust zu leben bezahlen musst, so bleibt doch die Freude zu leben wesentlich größer.

Vielleicht ist dies auch ein Gewinn, den diese Krankheit Dir schenkt, die Erkenntnis nämlich, dass Du die weitaus meiste Zeit Deines Daseins nicht krank und ohne Leid bist, Du dich also Deiner Gesundheit und Deines Lebens aus vollem Herzen erfreuen darfst.

Fang jetzt an zu leben
und zähle jeden Tag als ein Leben für sich.

Lucius Annaeus Seneca

Bald verlässt Du Dein Krankenzimmer und gehst wieder in die Welt hinaus. Ob Du eine neue Richtung einschlägst oder Deinen alten Weg wieder aufnimmst, ist nicht von einziger Bedeutung, denn wichtiger als Dein Ziel ist Dein Gehen. Ob Du achtsam oder rücksichtslos, freudig oder gelangweilt, ehrgeizig oder liebevoll Deinen Weg gehst, ist einzig und allein wesentlich. Es gibt nicht den richtigen Weg, es gibt nur Deinen Weg. Jeder Schritt, den Du gehst, gleicht einem Augenblick, den Du lebst.

Ich wünsche Dir, dass Du voller Vertrauen und Erwartung Deinen Weg gehen kannst. Höhen und Tiefen haben ihre Wunder. Du sollst sie alle entdecken, weil Dein Herz sie sucht.

Werde, was du noch nicht bist, bleibe,
was du jetzt schon bist; in diesem Bleiben und diesem
Werden liegt alles Schöne hier auf Erden.

Franz Grillparzer

Bildnachweis:
3-5, 11, 15, 21-31, 35-41 Angela Proske – 7, 16-17 Volker Schopp.
Alle übrigen © Bildarchiv CDC, Freiburg im Breisgau

Die Deutsche Bibliothek - CIP-Einheitsaufnahme

Ein Titeldatensatz für diese Publikation ist bei
Der Deutschen Bibliothek erhältlich.

Bestell-Nr. 94360
ISBN 3-8256-4360-3

Gesamtherstellung:
St.-Johannis-Druckerei, Lahr/Schwarzwald
Printed in Germany